www.ingramcontent.com/pod-product-compliance
Lightning Source LLC
Chambersburg PA
CBHW021438210526
45463CB00002B/567
* 9 7 8 1 6 5 7 8 8 7 4 9 7 *